台南 旅圖速寫

TAINAN
TRAVEL
SKETCHERS

郭正宏　著・繪

目錄

人物主題

文化資源

產業資源

人文空間

自序
關於台南

　　在十七世紀西方大航海時代，距離歐洲數萬公里之外的「大員」這個地名，早已是歐洲船員們耳熟能詳。「大員」就是今天的「台南」，自古在這塊土地從海盜肆虐到荷蘭商船的殖民、明鄭時期短暫的統治、大清帝國的納入版圖、日治時代的實體建設到國民政府的現代化，不論在人文、物件、空間、景觀、特產，方方面面都充滿了許多更迭與故事，值得慢慢的被述說。

　　自從二○○一年台灣開始實施週休二日的制度，休閒產業越來越被國人重視，加上高鐵的開通，台灣島內一日生活圈不再是夢想，南下北上的旅行都能快速的說走就走，於是「台南」這個充滿人文景物、美食信仰等豐富又多元化的城市，很快的讓人趨之若鶩，甚至一來再來。

「人文」一直是台南這個城市的底蘊，或許是季節性的關係，在這個城市生活步調緩慢，在舊城區散步，總在熱情的陽光推波助瀾下，讓人不知不覺的放慢腳下的步伐，可以循著葉石濤先生文字的腳步找到當年筆耕下的老宅、走過傳統的理容院看著店內超過一甲子的老闆娘，正一絲不苟專注的幫客人理髮，或是傳承四代的竹藝店主人，在店內揮汗如雨的編織著竹椅。走到海邊漁光島與老漁夫閒聊當年的漁家故事，半夜到安平魚市場看現撈漁貨拍賣。

文化的軼事在這個城市更是俯拾皆是，站在「大天后宮」前遙想明寧靖王緬懷故國難追的情懷、「全台首學」台南孔廟前的老樹，默默看著歷代學子的功名成就，還有其他縣市看不到的祭祀「風神」、「齊天大聖」的廟宇也存在這裡，可以與地方耆老聊天知道「爐主」與「遶境」的因緣典故。

台南的自然景觀也不少，清代就有的「水火同源」，被紅樹林避蓋遮天的「四草綠色隧道」是必走的行程，七股井仔腳「鹽田」、「鹽山」是海邊才有的產業沒落後的再生，記得產季時別忘記去官田吃吃「菱角」。

來台南不介紹美食可以說沒來過這個城市，「牛肉湯系列」、「虱目魚全餐」、「炒鱔魚」都只是基本款，千萬不能忘記台南三大夜市的招喚，擺開上百攤的闊氣讓你不論哪一天都有夜市可逛，還有在麻豆鄉間的西班牙料理，讓人彷彿來到伊比利半島的錯覺；許多南移的島內移民在這裡落地深耕，默默經營起屬於自己的老屋民宿，不論自建或重整，讓原本已經迷人的巷弄中更多了些許文青感。

我喜歡在台南選擇一個角落空間畫畫，從清代的閩南式民宅或北方宮殿式建築到「巴洛克式」的華麗官署、現代折衷主義式建築；從民居、官衙、府邸或工程廠域，都讓人流連忘返，重複著讀取這些建築空間述說的故事，一則則都是這個城市帶給旅人的感動。

身為一個「旅行畫家」，在各地旅行以畫筆紀錄景致，為了這本書，我在台南居住一段時間，透過手中的畫筆盡力的尋找著這個城市點滴，一開始用「紀錄」的心情尋找題材。我步行或騎著機車繞晃在台南的小巷中，一個轉角就是一片天地，哪怕是一片鑄鐵窗花投射在地上的殘影，或是斑剝頹圮的牆角下長出的鐵線蕨，亦或是海岸邊若隱若現的鯤鯓沙洲，還有七股鹽山拉出的長

長倒影；清晨魚肚白的天空染上了安平海邊、雷雨後再從烏雲邊角透出的日光，照在孔廟的屋脊燕尾上、夕陽染紅了漁光島上一株株的木麻黃。不知不覺，我的筆墨印染上這個城鄉記憶脈絡，像是尋找寶藏的探險家透過蛛絲馬跡，拼湊出記憶中過往的美好，很少遇到一個城市的故事是如此多元與精彩，台南是每個旅人的「記憶鄉愁」，她混合著每個旅人對家鄉逝去的共同記憶，他們都想在這個城市中尋找記憶裡的毫末點滴。

而我能做的，就是用這本書，畫下「台南」這個城市在每個人記憶中的美好回憶。

01.

安平魚市場
深夜的漁人

安平漁港屬於近海漁船靠港，和屏東的東港、高雄的興達港則是屬於遠洋漁船的母港不同，以前安平港這裡有二百多艘漁船在此靠岸，近十多年來台灣近海漁業資源枯竭嚴重，現在僅剩一些舢舨、小型漁船，當然漁市場的漁獲量也大幅減少。

這裡的營業時間大約是凌晨一點開始，三、四十攤的攤位在假日人潮還是很多，現在多以養殖魚獲為主。當夜晚深沉，魚市場這裡的漁人們生活才正要開始，一攤攤一陣陣喧譁的叫賣聲此起彼落，進港的漁船引擎聲夾雜著海味、魚腥味，構築成一種魚市場的獨特味道。

老漁民說，以前安平漁市場都賣「現撈」，光蝦子就有好幾噸。南部地區的漁販都會來這裡批貨。市場走道上一車車剛上岸的漁獲被推往各攤，推車的阿姨們都是以趟計價，趟數多薪水才夠糊口，算是辛苦的工作。魚販們熟門熟路的挑選著一攤攤剛撈獲的漁獲，熟稔的漁夫攤家也會跟他們介紹。

漁人的市集，就是台南深夜的活力。

南市區漁會魚市場
台南市安平區運河路 97 號

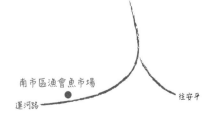

02. 白河曬藕粉的
雪花阿嬤

製作「藕粉」非常複雜，從挖蓮藕、除藕結、洗蓮藕、削蓮藕、攪碎製粉，洗藕粉、沉澱、刮藕粉、曬藕粉到包裝成品，製作過程非常繁瑣，每一個步驟都是需要耐心。現在的製作大多是老人家為主。

白河蓮花名聞遐邇，從清明節過後，許多遊客就開始來到白河賞蓮，一直到農曆十一月之後，白河鎮的居民們才開始製作藕粉。為了製作出最好的藕粉，當地都是遵循古法，節氣白露過後蓮花田中的水被抽乾，推土機替代傳統人力下去挖掘出地下莖，也就是蓮藕，把蓮藕製成藕漿後篩檢過濾出其中米白色的澱粉，濾出的次數越多，藕粉就越純淨，這樣沉澱過濾的過程要二、三天。最後存留在缸底的就是純度最高的藕粉。

阿嬤們把一碗一碗的藕粉用刮的方式把藕粉刮下來，在廟前廣場上曝曬，我問阿嬤們為何不直接烘乾？他們說烘乾會破壞藕粉的營養價值。就這樣整片曬藕粉的廟前廣場就像鋪著一層白雪一樣。

在那個物資匱乏的年代，以前的人把藕粉當作「窮人的燕窩」，是許多人共同的回憶。

03. 台灣版巴洛克裝飾
剪黏大師陳三火

台灣的廟宇對一位繪畫者來說，往往是艱難的題材，其屋頂上的剪黏工藝更是讓許多畫者望之怯步，我常跟學生說，廟宇上的剪黏工藝是「台版的巴洛克藝術」，顏色之鮮豔、裝飾之華麗、故事之豐富，都讓人著迷。

有近四百年傳統的剪黏工藝，透過工匠的巧手將一片片瓷片找到它們最適合的位置。陳三火師傅又將這項工藝推入更高端的藝術境界。

這項藝術不知何時傳入台灣，但可能超過數個世紀之久。它是將色彩鮮豔的瓷器剪成需要的幾何形狀，再黏貼在已經塑形好的灰泥，用小小的瓷片構築出需要的花鳥人物，神獸動物。在廟宇下仰望，像不像立體版的點描印象畫？

陳三火老師人稱「火師」，從十七歲跟兄長學剪黏工藝，早期工作應接不暇，近年敵不過淋搪開模技術的低價競爭，這項精緻的剪黏工藝逐漸淪為夕陽產業。陳老師近年來也突破傳統剪黏藝術的格局，以敲代剪，將原本破損的瓷器以「敲」的方式去組合出一尊尊超脫匠氣的剪黏作品。陳老師說這樣的作法必須瞭解製作物的動態姿勢，才能夠敲打出最合適的瓷片形狀組合，讓作品栩栩如生，不然很容易流於匠氣。

從工匠進入藝術，陳三火老師的作品展現不同傳統剪黏工藝的方式，超脫傳統忠孝節義的題材，走出另一條剪黏藝術的新境界。

04. 葉石濤文學紀念館
（原山林事務所）

在台南孔廟後側有一座紅磚造建築，它是日治時期昭和年間的建築，原專責培育管理林產的「山林事務所」。很特別的是它的東側是台南州廳，北邊是中國圖書館，三者共同合圍出一個中庭。現在這座建築已經變成「葉石濤文學紀念館」。

葉石濤先生十六歲開始寫作,當時用日文書寫小說,一九五〇年發表多篇世界文學的評論,一九五一年因白色恐怖坐牢三年。二〇一八年政府撤銷其有罪判決恢復其名譽。葉先生用它獨特的「黑色幽默」的筆法去戲謔「文學」,但他比誰都更嚴肅的正視文學,他的論述創作都是台灣文學的明燈。

或許葉石濤這個名字對許多人都有些陌生,但是他與新竹的鍾肇政先生並稱「北鍾南葉」。葉石濤先生主張:「沒有土地,哪來的文學?」

出生在日治時代的葉先生經歷了戰後那個詭譎的時代,橫跨日治與戰後兩個時期,即使親身經歷白色恐怖的迫害,坐過三年黑牢,仍不忘筆耕文學。葉先生以為台灣文學奮鬥為職志,高雄蓮池潭文學步道基石上刻著他的名言,「台灣作家必須敞開心胸,開拓更大更多的台灣時空」。

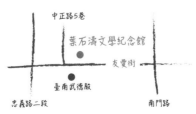

葉石濤文學紀念館
台南市中西區友愛街 8-3 號

05. 傳承四代的「信二竹店」
王壬輝師傅

想不到一間竹藝製品店已經傳承四代了！

有百年歷史的信二竹店師傅王壬輝穿著皮鞋的腳踏著竹子一端，另一手鋸著竹管，一切都是那麼自然流暢。問他為什麼穿著皮鞋工作，他說師傅都赤腳在工作，他穿皮鞋被很多人笑，但是他以前曾經工作受過傷，他還是覺得工作安全第一，安全才做的長久。

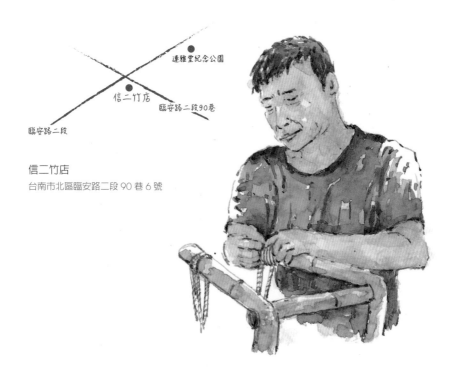

連雅堂紀念公園

信二竹店

臨安路二段90巷

臨安路二段

信二竹店
台南市北區臨安路二段 90 巷 6 號

店裡空間不大，角落擺放著已經處理好的竹管材料，架上還有些已經完成的竹椅製品。王師傅說他們家的故事要從他的祖父說起，一九〇七年他祖父創立「福泰竹店」，他祖父手藝精湛很快在台南府城打響名號，後來父親輩分家後，他父親才以自己的日文名創立了這家「信二竹店」。當時他也是因為「白目」愛玩，父親讓他從小開始幫忙家業學習製作，就這樣一做就是一輩子。一九七六年父親將這間店交給他經營，後來塑膠製品大量出現後，竹藝製品大量式微，許多竹藝品店都收掉了，面對產業的沒落，王師傅也不斷努力在轉型。

「哪有夕陽產業，只有夕陽心態啦！」王師傅說。

現在他的兒子也開始接手這間店，學資管科系的兒子王升南也將這間店製作部落格、臉書粉絲頁，現在竹藝製品還與宗教文創結合，開發出新的產品路線。他的第四代接班人已經就位，為這間百年竹藝店注入延續下一世代的新活力。

王師傅說那邊幾張竹椅是「第四代」做的，算是考試吧！從王師傅的表情可以感覺他很滿意。當時兒子說要學，他也抱著試試看的心態教，反正學不來以後頂多就是收起來吧！沒想到兒子越做越有興趣。

06. 後壁日曬方式製麵的
茗匠製麵

這是一家能吃到「陽光」的麵條。

後壁鄉菁寮老街因為紀錄片《無米樂》而被人熟知，但是菁寮老街還有一個當地很受歡迎的產品，就是「茗匠製麵」。

很多人都以為鹽水是做麵條（意麵），但是後壁鄉這家「茗匠製麵」麵條特別的地方在於他們有一個「曬麵場」，他利用南台灣的陽光，保留傳統日曬方式製麵，「茗匠製麵」的殷老闆說：「我們家的麵條比人家的薄，陽光才能滲入。」

麵條製成後為了要保持能夠久放，通常會放入添加物或防腐劑，「茗匠製麵」則是堅持手工製作後，在將麵條放在竹籃中在陽光下曝曬，還要不時的替麵翻身；除此之外還要注意天氣變化偶爾雷陣雨的攪局。在陽光的幫忙下，麵條更有一份陽光的味道，口感更加Q彈，也因為麵體比較薄，不需要煮很久就可以起鍋，也讓它口感更為滑順。

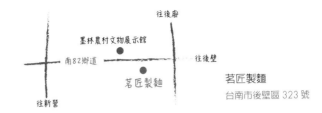

往後廚

往新營

往後壁

南82鄉道

墨林農村文物展示館

茗匠製麵

茗匠製麵
台南市後壁區 323 號

麵條要好吃原料的比例很重要,老闆一把抓起就能知道分量、重量,已經到「達人」等級了。

07. 將軍區青山漁港
曬烏魚子的阿嬤

節氣走向「冬至」，漁民們俗稱的「烏金季」又要到了！烏金就是一種迴游魚類烏魚的季節，這個時節的烏魚卵製成的烏魚子是最肥美的。不過這些年因為大陸漁民也知道烏魚子的珍貴，他們也開始補撈烏魚，因此野生的烏魚逐漸減少，不過台灣漁民也開始用養殖烏魚製作烏魚子，也不輸野生烏魚。

烏魚卵經過人工的清洗跟剔除血污後，用鹽醃漬放在陽光下曝曬。青山漁村的老阿嬤們邊聊天邊處理堆積如山的魚卵，一片片的鋪排在木板上推出去在陽光下曝曬，不時還要注意天氣不能被雨淋濕，烏魚子從在陽光下呈現飽滿的金黃，再經過陽光的洗禮後逐漸轉為深褐色。最後成為我們家家戶戶的盤中珍饈。

阿嬤們好像把烏魚子當作自己的孫子般照顧。

往鯤鯓里

青鯤鯓
青山漁港

南26鄉道

青鯤鯓青山漁港
台南市將軍區南 26 鄉道 101 號

08. 漁光島看海的
老漁夫

莊子《逍遙遊》中：「北冥有魚，其名為鯤。鯤之大，不知幾千里也。」每次唸到這段文字就讓我想起台南的「鯤鯓」，其實，「鯤鯓」原意是大魚的身體，台灣台南海岸的鯤鯓就是海上的沙洲。

台南近海岸邊原有七鯤鯓，漁光島就是以前的「三鯤鯓」。漁光島這一帶過去是安平漁民冬季捕魚避風的地方，後來才有漁民在此地定居。現在漁光島居住人不多，一半以上都是森林。島上的沙灘上，現在是許多年輕人衝浪的熱門地區，台南市政府也在此不定期舉辦藝術祭活動。

要去海灘必須要經過一片木麻黃樹林，傍晚夕陽的殘光從林蔭間穿透下來，我走出樹林一望無際的海灘，遠處一群年輕人各自提著衝浪板衝向大海，我站在觀景台前，老人好像在這裡坐很久了，他邊抽菸邊看著海。我過去和他攀談，他說他是安平附近的漁民，已經退休了。

我問他現在漁獲量好嗎？他說都補不到什麼魚，乾脆退休了！他說以前這裡還有人在抓鰻魚苗，現在也都沒有了，海灘上都變成衝浪的年輕人。

再跟他聊起漁光島，他說這邊以前沒什麼人，後來蓋了這座「漁光大橋」還比較有人來這裡玩。老人說他常來這裡看海、也看人，我順著他的眼光望向眼前的月眉狀的海灘，心中揚起李商隱的「夕陽無限好，只是近黃昏」。

09.

荷蘭人在台灣的首府
赤崁樓

一六五三年荷蘭人在台灣時，建了這座小城堡「普羅民遮城」，用來治理台灣移民來的漢人，因此這座城也被稱為「赤崁樓」或「紅毛樓」。鄭成功統治台灣初期把這裡設為「承天府」，是當時全台灣最高的行政機關，不過沒多久鄭成功過世，明鄭內亂，承天府被廢，赤崁樓改為被用來囤積火藥的倉庫。

很明顯的赤崁樓建在荷蘭的「普羅民遮城」上，這個基座城牆是以糖水、糯米汁攪拌蚵殼灰作為紅磚石之間的接合劑，歷經三百多年仍堅若磐石。

之後這裡陸續被更改為廟宇、書院，甚至日治時期也被當作醫院和學生宿舍。現在赤崁樓已經成為國定古蹟，市政府也陸續在周圍發現許多早期先民遺蹟，這個十七世紀荷蘭人所建的城，正在繼續書寫著它的歷史。

赤崁樓

民族路二段

祀典武廟

永福路二段

赤崁樓
台南市中西區民族路二段 212 號

赤生夕 台南
CHIHKAN TOWER

赤崁樓觀光旅遊紀念
Chihkan Tower (The Former Fort Provint:a) Tour Souvenir

10.

明鄭時期的關帝廟
祀典武廟

被稱為「武廟」多半都是祭祀關聖帝君，其實以前武廟也會祭祀岳飛，一直到清代才更改只供奉關公。

台南這間武廟是從明鄭時期就有的，算是當時官方祀典的廟宇，廟中的文物古蹟頗豐，廟中有一尊「傳神觀世音」，金面法相，十分莊嚴，更特別的是神尊視線會隨著參拜者移動，讓人稱奇。

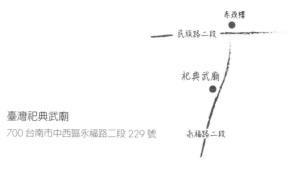

臺灣祀典武廟
700 台南市中西區永福路二段 229 號

相傳此神尊是當年明寧靖王府內祭祀的家佛，已
有數百年歷史，十分珍貴。其他文物如從明寧靖
王、乾隆帝、咸豐帝御賜匾額都可以在這裡看到，
其中最特別的是有一塊清代台澎丘道楊廷理所提
的「大丈夫」的匾額，由於歷史文物眾多，武廟
也被列為一級古蹟。

11. 明寧靖王府的
大天后宮

從武廟旁邊巷子走進去，就到了「大天后宮」。
兩間廟宇距離相近，就是在隔壁而已。據說以前
兩間廟宇是相通的，清朝的官員祭祀完武廟後接
著走向大天后宮，從天后宮廟埕上轎離去，現在
這個通道已經被封住了，必須走外面的小巷。這
條只有幾十公尺的小巷，兩側最多的是算命攤，
據在地人說最盛時有七、八家，來算命占卜的人
潮絡繹不絕，以前稱這裡是「算命巷」或「抽籤
巷」，現在僅存三家算命館。

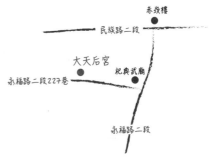

大天后宮
台南市中西區永福路二段 227 巷 18 號

大天后宮根據記載是明鄭時期寧靖王的府邸，在
清軍攻下澎湖後，寧靖王殉國前將府邸捨宅，捐
做「天妃宮」。施琅在這裡接受明鄭延平郡王鄭
克塽的投降，並在此立「平台紀略碑」。後來康
熙帝敕封媽祖天妃為天后，因此原本的「天妃宮」
改為「天后宮」。

12.

台灣四大名園
吳園

從台南市民權路上過去，很容易忽略掉「吳園」。

不說不知道這個折衷主義式的建築後面有很漂亮的水榭，原本叫做「紫春園」的「吳園」是清代仕紳吳尚新所建，和板橋林家林本源宅邸、霧峰「萊園」、新竹「北郭園」並稱「台灣四大名園」。

日治時期，吳家家道中落後，日本政府運用公權力逼迫吳家變賣園邸，取得所有權，在這裡建了門口那間「公會堂」，還建了旅館、圖書館、公共游泳池。在傍晚可以走到吳園後面的水榭花園，由於四周都被大樓遮蔽，炙熱的陽光被涼蔭取代。

台南旅圖速寫

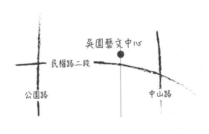

吳園藝文中心
台南市中西區民權路二段 30 號

13.

全台少有的齊天大聖廟

萬福庵

「萬福庵」在大天后宮附近的小巷弄中，這間廟宇在明鄭時期是鄭成功部將阮駿遺孀阮夫人的故居，阮駿死於戰場，夫人守節在此修佛度日，相傳夫人育嬰以為生計，但嬰孩頑皮哭鬧，所以奉祀齊天大聖祈求孩童易於教導。

也因此「萬福庵」祭祀的主神是其他地方少見的「齊天大聖」孫悟空。大家認知的孫悟空是從明代吳承恩的《西遊記》中認識的，近代在大陸福建發現「雙聖廟」墓一座，恭奉的是「齊天大聖」和「通天大聖」，學者考據元末明初的古物，對研究西遊記人物的原型有重要的考古價值。從文學回歸到信仰，原本就屬個人主觀意識，無法評論對錯。

不過「萬福庵」的巷弄在台灣文學大師葉石濤先生的筆下，也曾說：「萬福庵是府城最隱密寧靜的一個角落吧！這裡有好幾十家府城最古老的居民住著。」旅行來此走走，體驗葉先生筆下台南巷弄間的虔誠信仰與古樸的靜謐。

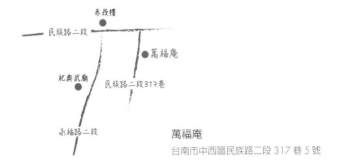

赤崁樓
民族路二段
萬福庵
祀典武廟
民族路二段317巷
永福路二段

萬福庵
台南市中西區民族路二段 317 巷 5 號

14.

台南第一間教堂

太平境教堂

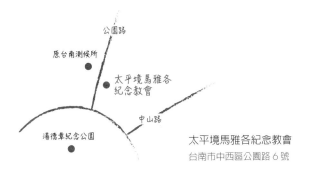

太平境馬雅各紀念教會
台南市中西區公園路 6 號

一八六五年英國長老教會傳教士馬雅各醫生來到台南宣教，以免費醫療名義提供醫療服務，但是被當地人猜疑排擠，才轉往高雄，並在高雄獲得良好名聲。於一八六八年再次重返台南宣教。

這裡地號「太平境」，地名「溝底仔」，因為前方以前有條大水溝，所以也被叫做「溝底仔教堂」，後來旁邊的小路逐漸發展，此路被稱為「太平街」（今公園路），所以後來禮拜堂又被稱為「太平境教堂」。從此「溝底仔教堂」跟「太平境教堂」都有人混叫二十年，最後定名文雅的「太平境教堂」勝出。

一九五四年才改建成今日現堂的「太平境教堂」，是仿哥德式建築，以古羅馬巴西利卡式的長方形建築，並以白色為基調，讓整座教堂充滿穩定感。

15.

唯一祭祀風神的廟宇
風神廟

在十七世紀以前，台南西門路以西是一大片潟湖內海，當時稱為「台江內海」。自從日治時代，曾文溪改道，內海逐漸淤積形成今天的台南市。

在當時清朝時期知府蔣元樞在風神廟前豎立「接官亭石坊」並大修風神廟，將此地作為清代官員迎送洗塵或恭迎聖旨之處，也因當時與大陸台、廈交通都是中國帆船（戎克船），「風」是航海的主要動力，更需要祈求「一路順風」；風神廟被譽為清代八大廟宇之一，風神廟在台灣比較罕見，也是那個時代的人面對大自然的一種無形祈求。

風神廟
台南市中西區民權路三段 143 巷 8 號

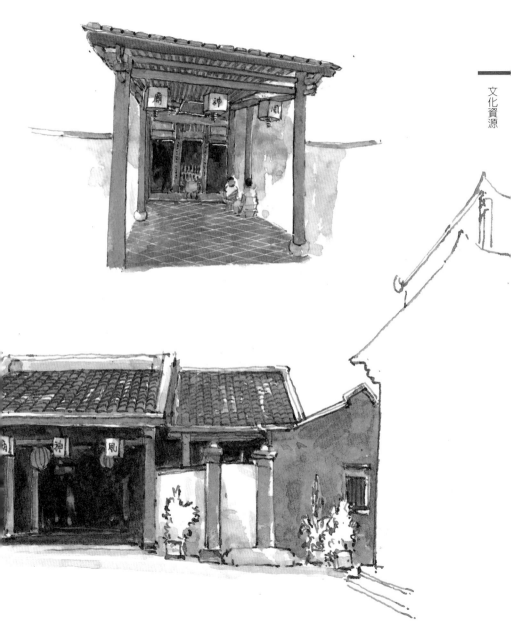

16.

明鄭時期的文廟：台灣首學

台南孔廟

「孔廟」又稱「文廟」或「先師廟」。古代帝王崇尊儒家，也為了維持傳承正統道學，一般都會在重要地方廣設「文廟」以示對讀書人的重視。即使在明鄭退守台灣時期，鄭經執政就接受參軍陳永華建議：「擇地建立聖廟、設學校，以收人材。」在承天府（現台南市）設立了台灣第一座「孔廟」。因此台南孔廟在東大成坊入口處有「全台首學」匾。

台南孔廟在明鄭時期原建築十分簡陋，經過百年來的增建與修葺，依據「左學右廟」、「前殿後閣」的形制發展，已不同於以往。現在看到的規制形體是在日治時期大正六年（一九一七）的風貌，大體上以清代閩南式建築風格為主。

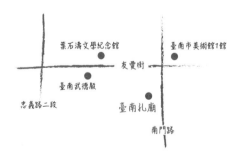

臺南孔廟
台南市中西區南門路 2 號

孔廟大成殿上懸掛自清代康熙朝起至民國乃至現在總統的匾額，除因甲午戰爭台灣被日本統治時期宣統帝賜匾無法運到台灣外，其餘匾額皆保留完整，歷代無缺，是台灣地區極少數有此尊榮的孔子廟。

17.

台灣爐主制度的發源地
台灣首廟天壇

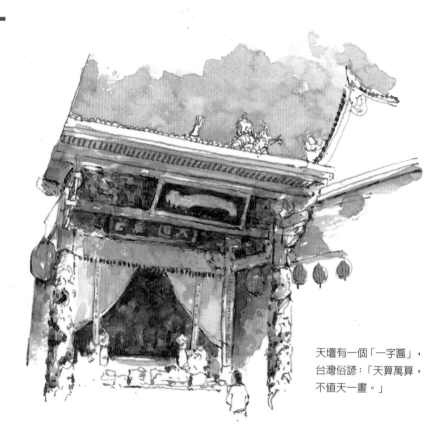

天壇有一個「一字匾」，
台灣俗諺：「天算萬算，
不值天一畫。」

天壇天公廟的位置名叫「鷲嶺」，是以前台南老城區最高的地方。在明鄭王朝官員祭天的地方，他們在此祭告上天、奉明正朔一直到明鄭被清朝滅亡後才結束。後來在此建廟立壇，祭祀玉皇大帝。

046

雖然明鄭滅亡，該壇已經不再舉行祭典，但是祭天的「天公爐」仍舊在當地民眾仕紳之間輪流值年，並將香火聖爐帶回家供奉，演變成一種「爐主制度」。也在台灣各地流傳至今。

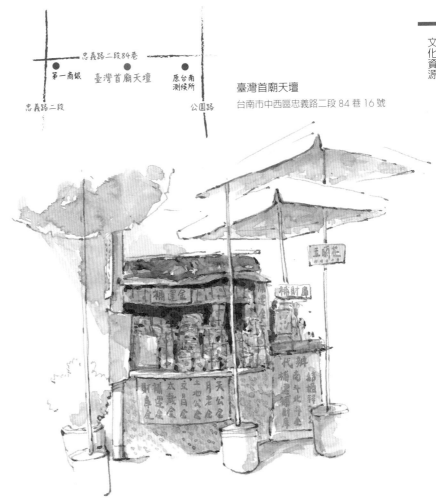

忠義路二段84巷

第一商銀　臺灣首廟天壇　原台南
　　　　　　　　　　　　測候所

忠義路二段　　　　　　　　　　公園路

臺灣首廟天壇
台南市中西區忠義路二段 84 巷 16 號

天壇廟埕旁邊都有賣金紙的小攤，攤位上根據信眾的需求或不同神明販售各種金紙，不外乎都是求財、求功名（考試）與求好運等等。

18. 省級城隍
台灣府城隍廟

台南的古蹟廟宇數量是台灣諸多城市中數一數二的，因為台南自明鄭時期就是台灣首府，官方也在此興建成立許多廟宇供春秋二季祭典，「台灣府城隍廟」也是其中之一。

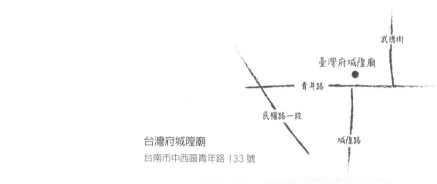

台灣府城隍廟
台南市中西區青年路 133 號

城隍廟建於一六六九年，是台灣最早的城隍廟，現為二級古蹟。整間廟宇建築內的石作木雕、彩繪剪黏、交趾陶、神像泥塑等，都是精彩的工藝極品。「城隍爺」在民間傳統上專司人間善惡審判的職掌，因此在城隍廟入口門楣上懸掛一個特大的算盤，象徵計算世人善惡是非，畢竟世人害怕死亡，而且人人都會死亡，所以在古代社會，透過宗教的力量與對死亡的恐懼來教育世人，也是合理的。更有趣的是，在廟內有一塊匾額，書寫者「爾來了」三個大字，讓入內參拜信眾看了不免莞爾。面對死亡，人人都是公平的。

城隍廟內的「爾來了」是府城三大名匾之一，進來廟內的信眾看到都不免內心有所警惕，這對於古代社會的群眾心理有很大的影響力，也算是文字的無形力量。

19.

軍武碼頭

安平定情碼頭
德陽艦園區

每次經過安平港就會被這艘巨大的軍艦吸引目
光。讓我十分好奇這個地方是做什麼的？

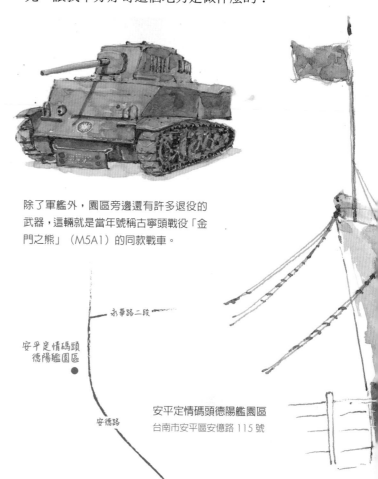

除了軍艦外，園區旁邊還有許多退役的
武器，這輛就是當年號稱古寧頭戰役「金
門之熊」（M5A1）的同款戰車。

永華路二段

安平定情碼頭
德陽艦園區 ●

安德路

安平定情碼頭德陽艦園區
台南市安平區安億路 115 號

這艘「德陽艦」是一九七七年台灣海軍接收自美國移交的三十二艘軍艦之一，這艘船舷寫著 925 號陽字號驅逐艦退役後在台南市政府爭取下將這艘軍艦停泊在安平港，經過一年的整修後在二〇一〇年開放參觀。

因為 925 的諧音是「就愛我」，經過行銷包裝也讓這裡變成府城「艦證愛情」的聖地。

20. 台灣最老的氣象建築
台南測候所

這裡是昔日台南府城內最高點的小山丘，也是明鄭時期祭天的地方。日治時期因為這裡制高點適合氣象觀測設施的安置，便在此設「氣象測候所」。

由於這裡是台地地型居高臨下，觀測所落成時中間十二公尺的中央風力塔，變成市區內最醒目的建築，被民眾稱為「胡椒管」來稱呼「觀候所」。

觀候所有十八面的型態，中間的風力塔高十二公尺共分三層樓，採螺旋狀階梯上行，昔日觀測人員爬上塔頂主要觀測風向、風力、風壓，也要觀測雲狀日照等大氣現象，在當時周遭視野無遮蔽的年代，看到高雄大岡山都不是難事。

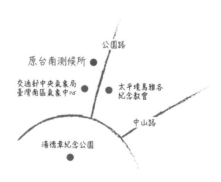

原台南測候所
台南市中西區公園路 21 號

21.

日治的「望火樓」
台南市消防史料館
（原台南合同廳舍）

一九三○年為了慶祝昭和天皇登基，在當時還是日治時期的台南興建了這座六層樓高的高塔，稱為「御大典紀念塔」，高塔在日治時期以木造平房為建築主體的台南，有很重要的價值，是作為消防火災觀望之用，因此初名叫「火見樓」，後改稱「望火樓」。大約過了七年後又在塔樓兩側擴建「合同廳舍」（聯合辦公室），供消防、警察人員辦公使用。現在大樓部分仍為消防隊專用，另一部分則作為「消防博物館」。

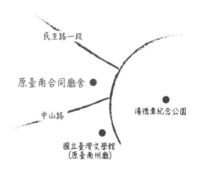

民生路一段

原臺南合同廳舍 ●

中山路

● 湯德章紀念公園

國立臺灣文學館
（原臺南州廳）

原台南合同廳舍
台南市中西區中正路 2-1 號

22.

小時候的味道記憶

椪糖

在這條被稱作「台灣第一街」的安平老街閒逛，
街廓不大，林立兩側的小攤卻是不少，蜜餞、狀
元糕、蝦餅等。許多兒時記憶中的老東西都在這
裡可以看到，其中倒是有一攤引起我的駐足。

攤位前擺了一排小矮凳與火爐，老闆身後的招牌寫著「椪糖」。我很好奇的站在攤位前看著坐在矮凳的情侶顧客正在煮椪糖，眼見他拿著一個湯勺，勺裡裝著看似粉末的東西在小火爐上加熱，不久勺裡開始冒泡，我覺得顧客有點慌，老闆見狀就接手過去，用筷子不停的在勺裡攪拌著，勺裡逐漸膨脹起來，膨脹冷卻後表面出現龜裂的痕跡。

在那個物資缺乏的年代，小孩子通常沒有太多零食可以吃，只有在廟會時野台戲的戲棚下都有一些小販在販賣簡單的零食，烤甜不辣、椪糖等，只要一個小火爐、一點糖粉就足夠讓小時候的我開心一整天，「椪糖」賣的不是口味，而是孩提時代的記憶。

23.

關於海盜記憶的故事
遶境活動

在台灣傳統廟宇的民俗活動中，神明在特定的時間都會有「遶境」的活動儀式，這些參與廟會「遶境」的陣頭五花八門，有宋江陣的舞刀弄槍、有旗隊的浩大聲勢、有八家將的驅邪鎮壓，非常精彩好看；還有仔細看你會發現，在神明出巡的前導隊伍中也會有一對木牌寫者「合境平安」字樣。但是你知道「境」是什麼嗎？其實，「遶境」和「陣頭」都要從台灣早期海盜猖獗說起！

台灣本來就是一個化外之境，說句白話就是邊疆蠻夷之地，在明朝中葉，當時在福建沿海有許多海盜以台灣為據點做起舔刀汝血的「生意」，三不五時海盜就會在台灣西部沿海如：淡水、鹿港、鹿耳門、東港、澎湖等鄉鎮燒殺擄掠。百姓為求自保便自立自強組織鄉勇，他們將自己的村里稱為「境」，就是區域、疆界的涵義，比較有錢的村莊就會聘請武師在村裡調教鄉里的壯丁學習武藝，地點通常會選在寬闊的廟前廣場，在農閒之時練武以保衛自己的村里，這些鄉勇也會在村里境內巡邏，這就是「遶境」的由來。當然，有時面對強大的土匪盜賊，不同村里的鄉勇之間也會互相聯合防衛，也因此產生「聯境」的民防傳統。

後來，盜匪不再猖獗，民防的色彩逐漸淡化，這些原本在廟前操練的鄉勇們逐漸被村里的廟宇信仰吸收，原本以保衛為主的陣頭，開始增添宗教信仰的色彩，成為今天的神祇「遶境」的配角，也為神明出巡增添更多看頭。

24.

日治時期日本親王的紀念館

鹽水八角樓

在清代道光年間（一八四七年）鹽水富商葉開鴻請了大陸唐山的師傅，以十年的時間完成三進古宅建築。

一八九五年乙未戰爭時，日本伏見宮貞愛親王在這邊作為指揮所。日治時期葉家大宅因被市街改正被拆毀第一進，之後葉家後代搬遷第二進也被拆除，僅剩第三進的「八角樓」存在，八角樓是台灣少見的木造閣樓式建築宅邸，日本政府也將八角樓列為「伏見宮貞愛親王紀念館」。

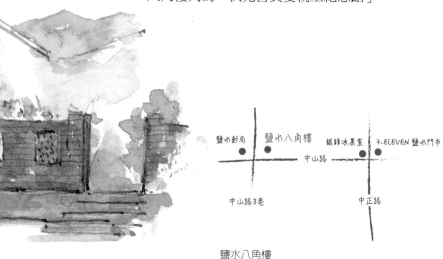

鹽水八角樓
台南市鹽水區中山路 4 巷 1 號

25. 探索樹冠的角落
安平樹屋

安平區的古堡街有一間被榕樹包圍起的磚造建築，經歷數十年的時間，已經分不清是樹包圍屋還是屋包圍樹了。

「榕樹」在台灣一點都不稀奇，四處都見得到，但安平樹屋裡的榕樹也太大了，榕樹樹屋裡滿地盤根錯節的板根在地上，逼得台南文化局怕參觀的遊客腳步一個不小心被絆倒發生意外，就在地面上架起木棧道，然後也怕遊客看不到樹屋的整體，在接近樹冠上架起了空中廊道。

根據推測，這看似倉庫的建築結構是十九世紀末的建物，可能是以前旁邊的德記洋行用來堆貨物的吧！頹圮的建築再生利用，反而在這個提倡環保的時代也有了另一種詮釋。每次來我都喜歡走一走它的空中廊道，可以在上面看見葉縫間的透光樹影，也能看見不同於地面的生態林相，值得一遊。

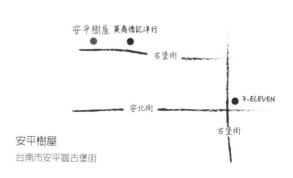

安平樹屋
台南市安平區古堡街

26.

本島極西點燈塔
國聖燈塔

很多環島旅行者喜歡在旅程中加入「蒐集」的景點，「台灣四極點」就是其中之一。

極西點的「國聖燈塔」跟極北點的富貴角燈塔、極東點的三貂角燈塔、極南點的鵝鑾鼻燈塔相比，國聖燈塔真的很不起眼。但是這座燈塔對於台南七股地區的漁民出海作業卻是重要的。國聖燈塔離公路很遠，是四座燈塔裡面最難找的，位在七股的台江國家公園內，要進入必須要步行一段路，走在這片沖積出來的沙灘地內心有股身處沙漠的莫名荒涼。

從遠處看見燈塔，用鐵架構築的塔身與其他燈塔用水泥結構修築的很不一樣，像一個殘弱的巨人孤獨的矗立在四周極荒沙地，荒涼感更重了。

國聖燈塔
台南市七股區國聖港

27.

台版的亞馬遜河

四草綠色隧道

在台南四草這裡有一大片樹齡五十年的紅樹林，
紅樹林的枝枒將水道兩側幾乎覆蓋著，久而久之
演變成一條樹蔭蔽天的綠色隧道。

紅樹林是胎生植物，生長在鹹水與淡水交會流域，這一帶紅樹林因是保護區林相優美總共有四種紅樹林品種（五梨跤、水筆仔、欖李、海茄苳），這裡常會有鷺鷥、夜鷺或候鳥來此生活過冬。很多人稱這裡是「迷你台版的亞馬遜森林」。

「四草」在明鄭時期是一座島嶼稱為「四草嶼」，也是鄭成功與荷蘭人第一戰的地方，四草觀光漁筏登船碼頭旁的「四草大眾廟」就是祭祀當年陣亡將士之處。

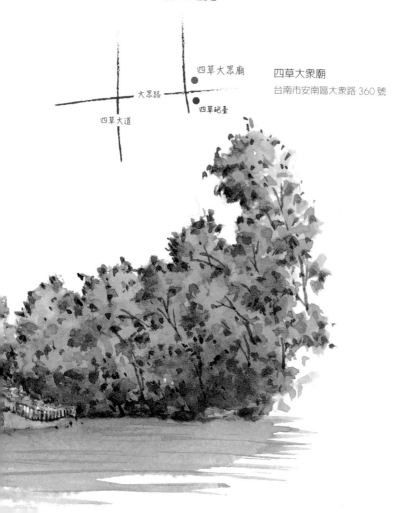

大眾路

四草大道

四草大眾廟

四草砲臺

四草大眾廟
台南市安南區大眾路 360 號

28. 台灣奇景
水火同源

清康熙年間，在白河關子嶺當地的禪師發現這個水火共存的自然奇景，也被列為台灣七大奇景之一。其實，白河附近因六重溪地殼的石壁上冒出天然氣可使點燃後不滅，加上又有泉水於崖壁上流出，才會形成這樣水中有火的奇景。

關子嶺的「水火同源」在自古就是知名觀光景點，很多人小時候都跟父母親旅遊時造訪過這裡，是很多人共同的記憶。

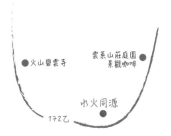

水火同源
台南市白河區關嶺里 18 號

29.

惡地美景

龍崎夢幻湖

「龍崎區」的地名是取當時在地最大的兩個聚落「龍船」跟「崎頂」前二字，這裡是阿里山山脈的尾端，東陡西緩，由於地質特殊加上河川的長期沖刷侵蝕，這裡出現許多「惡地」地形（俗稱月世界）。雖然如此，但水土保持局從民國八十七年開始就在這裡有規畫的進行生態工法的水土保持工作。也因此附近山陵慢慢出現許多綠色植被，附近的「夢幻湖」觀光景點也因此出現。

走過台南許多人文、文化景點，山景是比較少被觀光客注意的，龍崎區的夢幻湖在「牛埔泥岩水土保持教學園區」內，生態的環境豐富，距離台南市也不遠，可以來此走走，看看不同的台南風光。

牛埔泥岩水土保持教學園區
台南市龍崎區 10 號

30. 白色之戀
井仔腳瓦盤鹽田

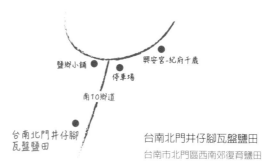

鹽娘小鋪　　停車場　　興安宮-紀府千歲

南10鄉道

台南北門井仔腳
瓦盤鹽田

台南北門井仔腳瓦盤鹽田
台南市北門區西南郊復育鹽田

台南的北門一帶曾經是台灣主要曬鹽場，雖然現在製鹽業已經沒落，但是北門在雲嘉南風景管理處的刻意打造下，許多鹽田、製鹽廠都變成觀光景點。

曬鹽鹽場的結晶鋪面，一般分為兩種，一種是「瓦盤鋪面」，一種是「土盤鋪面」。井仔腳的「瓦盤鹽田」是屬於「瓦盤鋪面」，這樣的鋪面產出的鹽產量較高，但是雜質較多，不過現在鹽田製鹽多是給觀光客拍照體驗，已經不再供給食用，因此好看必較重要。

「井仔腳瓦盤鹽田」這裡一望無際的鹽田，在夕陽西下時滿天紅霞的景致讓遊客流連忘返。

31. 麻豆柚子原鄉：柚子園變親切的
5012 柚意思

透過在地人的介紹告訴我出產文旦的麻豆有一位
文青果農，讓麻豆原本單純的水果文旦變得很不
一樣。

5012 柚意思
台南市麻豆區安東里 55 號

果農佳翰原本在台北當廚師，返鄉繼承了阿嬤的文旦果園把這片果園取名「5012柚意思」，他說「50」是指阿嬤50年前種下第一棵文旦樹，至於「12」是指他的文旦的甜度有12度。只用四個數字就可以說明「老欉又高甜度」的文旦，果然有別於傳統紙箱上都只印的「李家」、「郭家」的通俗品牌標誌區別。

除此之外，他還堅持自己的文旦果園採取自然農法，不用農藥的堅持與和環境共存的想法，讓他被週遭農戶揶揄訕笑，但在家人與夥伴的支持下，他的果園沒讓他丟臉，產出的文旦讓他十分滿意，也因為他沒有使用農藥，果實外觀沒有被污染，更讓他敢於將文旦開發其他的副產品，像柚子花釀、八仙果、柚香冰淇淋、紅柚果醬等等。並且在柚樹下舉辦音樂會、野餐會。源源不絕的創意，活化了傳統的農業，讓原本只是一年一次在中秋節才會出現的柚子有了更多可能性。

32.

官田友善埤塘

種出好吃又「桑」的菱角

只要是菱角季，經過在地的菜市場都會看見一攤婆婆在賣菱角，一顆顆深紫色的菱角堆滿像小山一樣，四周圍冒著蒸氣十分誘人。我都會買個一袋菱角邊走邊吃，撥開紫色的外殼露出白色飽滿的果實，讓人愛不釋手。

台南的官田是菱角的重要產地，產量居全國之冠。有一首歌謠「採紅菱」就是在唱採收菱角的景況，農人會穿青蛙裝（連身雨衣褲）或是划著歌謠中的小船來採收。菱角剛採收時是深紅色，除了人們愛吃菱角外，還有一種鳥也愛菱角，那就是水雉，水雉巢棲息在菱角田，也會在菱角葉築巢繁衍後代。

要分辨好吃的菱角只要將菱角放在水中，下沉的即是有飽滿紮實的果肉，現在賣菱角的攤位越來越少了，每次吃到好吃又「桑」的菱角，都會讓我想起兒時撥著菱角邊看電視的情境，可能我吃的不是菱角還有童年的記憶吧！

33.

復古的專業奢華

台南傳統理髮廳

記得小時候跟著爺爺去剪頭髮，我一直很好奇，不過就是剪頭髮為什麼都要一個多小時，長大後我才明白，老一輩的人上理髮廳剪頭髮其實是一種時尚的享受。

在台南有許多隱藏在街巷中的理髮廳，這附近一般觀光客是不會來的，經營的老闆或老闆娘多半都已經年過半百，但是他們守著這項手藝早已超過一甲子，很多人都是從年輕做到老，說起當年做學徒的故事彷彿是昨天才發生的事。會來這裡消費的都是老主顧，從剪髮、洗頭、敷臉、刮鬍、掏耳朵等。一項一項都有它的步驟與程序，當年老師傅的教導至今都不敢忘記。

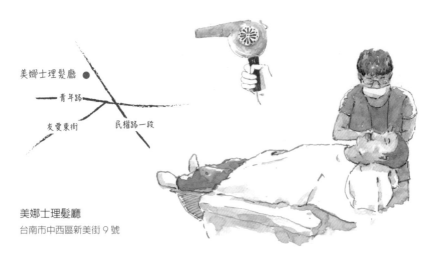

美娜士理髮廳

青年路

友愛東街　民權路一段

美娜士理髮廳
台南市中西區新美街 9 號

老闆娘說：「這行做久，站一整天都有脊椎方面的職業傷害，年紀大了，眼睛也沒有以前好，現在掏耳朵都變吃力了。但這些都不打緊，一些老顧客都逐漸凋零，年輕人也不會來我們這種地方剪髮，能做多久算多久吧！」

老闆娘說其實不只是她的心情抒發，更是許多老手藝失傳的悲歌。

34. 一甲子的神轎職人

永川大轎

木作工藝

台南廟宇的密度是全台灣數一數二的，信眾的虔誠是可想而知，因為信仰造就地方上有許多自古傳承下來的傳統技藝，更是其他地方縣市難以望其項背。隱藏在觀光名街「神農街」的巷尾，就有一間專門做宗教木作的店家「永川大轎」。

說是店家不如說還比較像「工廠」。走到門口就可以聞到濃郁的木頭香氣，角落可以看到幾座巨大的神轎半成品，師傅們各自專注在手上的木作工藝品上，「永川大轎」的創立者王永川師傅十七歲開始就承接父親的木作工藝，王師傅頗有

天分加上年輕喜歡嘗試新的創意，與觀摩他人作品自我學習的態度，讓他在木作神器上闖出一片天地，自民國四十四年創業至今已經超過一甲子，台南許多做神轎的師傅很多都是拜師於他。

「永川大轎」經過第一代王師傅的草創，到第二代的發揚，第三代也步入接班的傳承，為了讓更多人認識「永川大轎」，也將廠區隔出一個展示空間，陳列他們的作品，讓到訪的旅人能更加認識「永川大轎」的「職人精神」。

永川大轎工藝
台南市中西區神農街 130 號

永川大轎工藝
神農街
藥王廟
康樂街　　海安路二段

35. 在地人的下午茶
阿龍香腸熟肉

在台南除了早餐比別人豐盛外，台南人的下午茶也跟我們印象中的很不一樣。

這家有八十年歷史的「阿龍熟肉店」光看店名真的不太了解它賣的是哪一餐？一個小小的攤位門口人龍不絕，從顧客的眼神看出每個人都熟門熟路的，感覺不到陌生客的那種慌亂感，前台攤上有各式各樣的食材，每樣一份都二十元。有點像我們去小麵攤切的「黑白切」，比較特別的經典料理是其中有一款「蟳丸」，在別的地方很少見。主要材料是用鴨蛋、荸薺、蝦仁跟太白粉，外型像是黃色的蘿蔔糕，雖然名字叫「蟳丸」，但是裡面沒有「紅蟳肉」，應該是成本考量吧！推薦在午後找間「熟肉攤」點一盤五花八門的各色點心，真的是只有台南才有的特色體驗。

過去台南的在地仕紳許丙丁曾說過：「……點心與狼吞虎嚥，自然又當別論，只不過點點飢腸，嚐些風味而已。」當年許丙丁口中的點心，似乎更加說明眼前不起眼小攤的美味歷史。

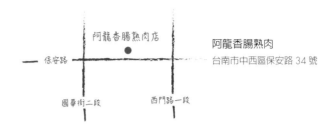

阿龍香腸熟肉店

保安路

國華街二段　　　　西門路一段

阿龍香腸熟肉
台南市中西區保安路 34 號

36. 虱目魚全餐
王氏魚皮

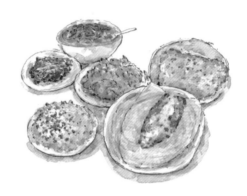

在台灣西南沿海一帶有很多養殖魚塭，虱目魚養殖是其中重要的產業，據說台灣的虱目魚是十七世紀荷蘭人引進的。

很多人都愛虱目魚，尤其是台南人的早餐，來吃個虱目魚「全餐」一點都不過分，我也愛這味！每次旅行一到台南都接近中午午餐時段，我唯一首選就是來安平區的這家「王氏魚皮」，一坐下就在菜單上狂點，基本上都是先點個「虱目魚全餐」再說，所謂虱目魚全餐就是「虱目魚魚皮湯」、「煎魚肚」、「煎魚腸」等。特別要說的是，這家有「煎魚腸」這道菜餚，如果不是食材夠新鮮，一般店家是不太敢賣魚的內臟的，由此就知道店家的厲害了！

老闆從早上四點開始賣到下午二點，晚了就只能下次請早了！

安平路606巷

王氏魚皮店

安平路

安平路33巷

承天橋

王氏魚皮店
台南市安平區安平路612號

37.

爆料早餐

阿堂鹹粥

這裡早上七點，座席已經快滿了！

十多位工作人員有的製作餐點、有的忙送餐、有的結帳送單，門口還有許多人在排隊。

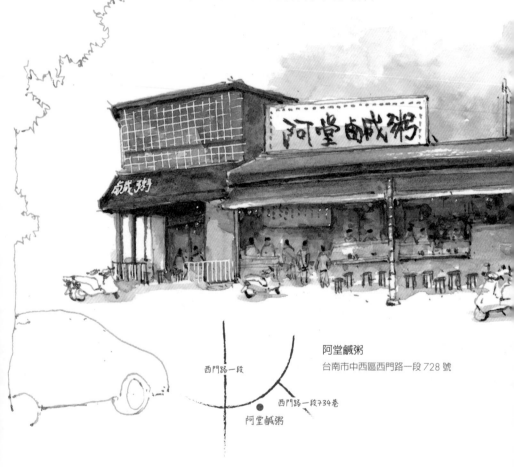

阿堂鹹粥
台南市中西區西門路一段 728 號

西門路一段

西門路一段734巷

阿堂鹹粥

台南的「鹹粥」比較像湯泡飯，上面灑滿了煎過的虱目魚碎肉，吃起來有點焦香味，湯頭應該也是魚骨熬的吧！鮮甜感很濃郁。問台南人都有一家自己習慣的早餐店，有的愛「虱目魚鹹粥」、有的愛「牛肉湯」、有的愛「蝦仁飯」，難怪台南人總有一套自己的美食口袋名單，在這樣的城市住久了，味覺也自然而然的刁了起來。

雖然在地人會說「阿堂鹹粥」是賣觀光客的，價格不菲，但是心中想的是與其被貴也只有一次的心態，或許口味上才是決勝負的關鍵，畢竟是旅行中難得的一餐，採「雷」是萬萬不願意的。舀著湯碗裡漫溢爆料的魚肉、鮮蚵，與韭菜丁入口，就明白店家生意絡繹不絕的原因了。

38.

沙茶原來是南洋舶來品

小濠洲沙茶爐

一下火車忍著飢腸轆轆的肚子，尋著地圖來到這家「小濠洲沙茶爐」。在北部很少聽到「沙茶爐」，大多都是叫「沙茶火鍋」，這家沙茶爐主打自製的沙茶醬，跟一般外購的沙茶很不一樣，在挖取沙茶時的綿密度與細緻感就讓人眼睛為之一亮，也因這個特點，即使現在是下午四點到店的顧客仍絡繹不絕。

我們從小吃到大的「沙茶醬」起源其實就是從我們到東南亞旅行時，常會吃到的「沙嗲」改良的。

早期移民南洋的華人衣錦還鄉後，將東南亞的「沙嗲」帶回福建閩南地區，經過改良後變成今天吃到的「沙茶醬」。一般來說，馬來西亞的「沙嗲」口味上比較甜，帶有濃厚的花生香味，而中國的「沙茶醬」因靠海的關係在其中加入扁魚、蝦乾等，甜味較淡，偏重鹹。

「沙茶爐」其實是廣東汕頭一帶的菜餚，「湯頭」、「沾醬」和「食材」三樣是最重要的，台南除了吃小吃之外，不妨可以來嚐嚐這道廣東汕頭的名菜。

小濠洲沙茶爐
台南市中西區中正路 138 巷 11 號

民生路一段

民生路一段181巷

小濠洲沙茶爐總店

阿田小吃店

中正路

39. 用粗糠炒出來的
新營清香炒鱔魚

台南代表的小吃有許多,「炒鱔魚麵」是其中最知名的一道料理,很多人說每個台南人心中都有一家自己最愛的「鱔魚麵」,我想不只台南人有自己的心頭好,我也有自己喜愛的「炒鱔魚」店。

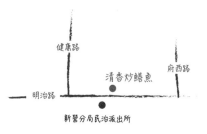

新營清香炒鱔魚
台南市新營區民治路 50-1 號

以前在台南新營的第二市場裡，隱身在小角落的「清香鱔魚麵」，每次到了吃飯時間就會聚集許多熟門熟路的食客，小店只有一塊紅字的招牌，周遭環境略顯簡陋，彷彿來到五〇年代的台灣，在那個提倡克勤克儉的年代，幾片木板架起的木寮房擺上幾張板凳就可以開門營業，顧客在乎的反而是店家料理的手藝與美味。這家小店最特別的是他不是使用一般的瓦斯爐炒鱔魚，而是使用傳統的灶爐，雖說爐灶但是它卻不是燒柴的，它的燃料是用稻子收割後打穀的「粗糠」，據說老闆娘說粗糠燒出的火才夠旺，炒出來的鱔魚麵才好吃。

隨著新營第二市場的拆遷，店家也另覓新的店址，即使搬家也不忘將老灶爐一起帶走，現在再去「清香鱔魚麵」沒有以前那樣擁擠不適的環境，卻同時可以享受美味的「炒鱔魚麵」。

40.
作者十年都忘不了的味道
石頭鄉烤玉米

大約十多年前，跟朋友到台南旅行，我在後座昏睡，突然被叫醒問我要不要吃「烤玉米」，迷迷糊糊之中應了一聲。過不久，遞給我一串烤玉米，那個滋味我一直都無法忘記。事過境遷，也已經不知道當年的那家烤玉米在哪邊，我唯一的印象是在「海安路」上的某個轉角邊。

就這樣憑著這個記憶，我想再回味一次那串夢中的「烤玉米」，我騎著租來的機車，趁著平日夕陽西下的傍晚，憑著印象硬生生的把這條海安路認真的走了一次，每一個轉角都停下來研究，終於被我在海安路一段找到這家「石頭鄉烤玉米」，當然找到還不一定是真的，只有味道才是真的，馬上買了一串驗證。

十年都忘不了的味覺記憶，就像千里尋親一樣的坎坷。

海安路一段

石頭鄉燜烤香味玉米　●　　代天府保安宮
　　　　　　　　　　　　●
　　　　　　　　　　　　　　保安路

石頭鄉燜烤香味玉米
台南市中西區保安路 98 號

41.

懷舊冰店
莉莉水果店

南台灣天氣炎熱，消暑的果汁甜品幾乎是終年不衰，尤其近幾年來，大概所有的觀光旅遊書中幾乎沒有不報導「莉莉水果店」。以前有高知名度前，每次來到這裡不常見客滿無座，但是現在可不一樣了，幾乎次次都客滿，店家也從早期在騎樓下的幾桌，變成延伸到二樓與兩旁的座位出來。

我還是習慣點他們家的「綜合水果冰」，莉莉早期是賣水果的，他們對於水果的品質要求當然無話可說，上桌的水果冰各種當令水果切塊，冰上五顏六色的水果讓人目不暇給。還記得，我在二十多年前在路竹念書的時候，每次放假來台南總習慣要吃碗「莉莉水果店」的綜合水果冰才算結束台南的行程。

現在也是。

南門路

台南孔廟 ●

─ 府前路一段 ─

莉莉水果店 ●
　　　　　● 台南愛國婦人館

莉莉水果店
台南市中西區府前路一段 199 號

42. 限購兩包的 連得堂煎餅

依照著 Google Map 的指引，在公園路附近繞了幾圈，終於找到崇安街的位置，原來是一條真的不注意就會錯過的小巷，要不是路上看到有人貌似觀光客提著袋子走出來，我可能還是會錯過吧！

把機車停在巷口，步行走進巷子中，距離巷口不遠處就看見幾個年輕人拿著相機猛拍照，走近一點就能看到「連得堂餅家」的紅色招牌，已經傳承百年四代人的老品舖，從日治時代就有，店裡最醒目的就是那台圓型的煎餅台，像是半自動化的生產線，邊旋轉邊製作，雖然比人工煎餅快一點，但再怎麼快也比不過慕名而來的觀光客，「限購兩包」就成了最不得已的辦法了！

還是那句話，「要買要快！晚了就沒有了！」

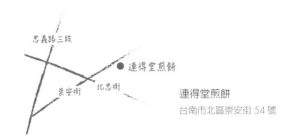

連得堂煎餅
台南市北區崇安街 54 號

43. 台南人的早餐
文章牛肉湯

實在很羨慕台南人，住在台灣其他城市的人，吃早餐大多是買個巷口漢堡、三明治或是中式的飯糰、蛋餅就算是豐盛的早餐了。住在台南就不一樣了，漢堡、三明治都是基本款，一般來說，在台南早上喝個虱目魚湯、鮮牛肉湯作為一天的開始一點都不過分。

為什麼台南早餐會有「牛肉湯」這一味呢？因為台灣最大的牛肉屠宰場就在台南善化，因此能供應最新鮮的溫體牛肉，「文章牛肉湯」的店家用一早剛送到的溫體牛肉加點薑絲、高湯將肉片燙熟就上桌，不用多餘調味，就讓老饕們垂涎三尺了！店家還有其他菜色也讓人寧願排隊也要吃到。

當然隨著時代的演變，現在台南人把牛肉湯當早餐的多數是上了年紀的長輩，當然還有觀光客們，年輕人趕上班也沒有那個閒情逸致坐著慢慢喝湯了。或許下次到台南旅行，起個大早，喝碗牛肉湯作為迎接美好一天的序曲吧！

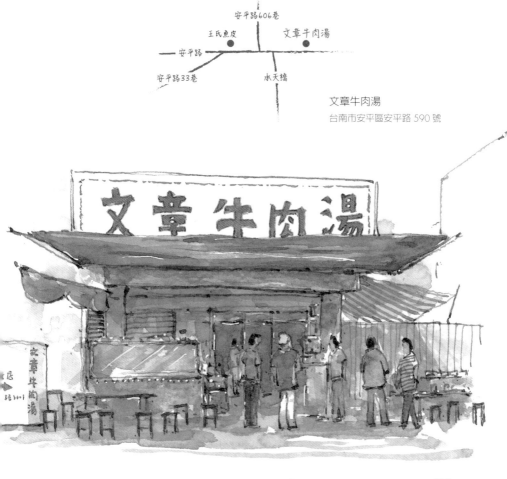

文章牛肉湯
台南市安平區安平路 590 號

44.

上世紀出租公寓變文青旅店

未艾公寓

我在知名的「蜷尾家冰淇淋」旁的巷子裡來回不知走了幾次，終於在一條只有兩人並肩的小巷子口找到「未艾公寓」的指標。穿過小巷後一幢充滿文青風的建築豁然矗立在眼前，終於找到今天的落腳地了！

「未艾公寓」的前身是早期出租給五條港附近一些羅漢腳、單身老兵的出租公寓，店主人承租後花了許多心思將原本的建築重新改建，開闢天井引入陽光、增加窗戶讓原本沉悶的空氣增加通風，不同的時間會讓光影在建築內遊移，八間客房加上一樓的咖啡廳，有意無意的模仿美國六〇年代藝術風格，吊燈、花磚、鑄鐵窗花、配合鏤空混凝土天花板，整個空間存在一種悠閒的復古感。三層樓的建築前後有樓梯貫穿，為了老屋安全問題還對樑柱結構的部分做加強，由於整個建築存在於小小巷弄中，周圍無法讓車輛進出，施工上完全倚靠人力徒手搬運，可見當時整建過程的艱辛，總共耗時一年才完成。

老闆很有心的和許多不同的台灣特色商品結合，從皮雕到巧克力，也釋出部分空間讓畫家舉辦小型的創作展覽，讓原本的單純空間創造出各種多變與趣味的可能性，更讓不同城市來的旅人能更認識多元的台灣。

産業資源

末艾公寓
台南市中西區正興街 77 巷 10 號

正興街
海安路二段   蝸尾家 ●
正興街77巷

45. 百年老屋的改建綠建築
漫步巷弄民宿

如果你熟悉台南的旅行，那你絕對不會忽略掉台南的小巷弄，就像你在佛羅倫斯旅行也不會忘記去舊城區尋找歷史的痕跡。

我在安平的路邊發現一面小木牌「漫步巷弄」，基於好奇心走進去，二三個轉折之間眼前乍見一幢被九重葛掩蔽的房子，滿滿的綠映照在眼前，幾位網美正在專心的拍照，完全無視我的出現。店主人小胖是安平在地人，在許多觀光飯店工作過，回到家鄉成家後，在一次偶然的機會看到這間老屋，似乎就此與它結下了緣分，獨自花了七年的時間將這個百年老屋一點一滴的完成，老宅院子前的「龍壁」可以知道當年房子主人的富裕；「單身手」是安平地區建築的特色，只有一邊的護龍與傳統的三合院兩邊的廂房護龍形成有趣的對比，這間老宅就是標準的「單身手」式建築，店主人將它整建成精巧可愛的小房間。

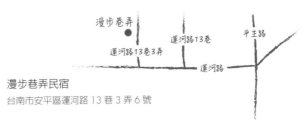

漫步巷弄民宿
台南市安平區運河路 13 巷 3 弄 6 號

整棟建築不大，只有兩間房，中間正房的二樓是通鋪，最多可以容納六～八人同住，一個小陽台很雅致，可以看見附近平房的屋簷，朋友二三人在這裡喝啤酒閒聊應該就能打發一個晚上。店主人承租這間房子跟房東打了十年的租約，獨自經營這間自己的夢想民宿，他說有時生意不佳他還需要打工來維持，但是他很快樂，能為自己人生完成一個夢想，或許是任何事物都比不上的富足！

46. 一家人南漂的故事
過小路民宿

「過小路」是一間老房子改建的民宿，林先生在台北工作求學工作，但還是很難忘懷小時候在嘉義爺爺奶奶家的情境，工程師的工作讓他身心壓力很大，讓他萌生轉換跑道的想法，在考慮許多生活條件與小孩的就學問題後，選擇「台南」成為他第二個人生跑道，他也很坦白的說，他只來過台南旅行一次而已，不過台南有許多人默默的在為這個地方付出，深深的感動他。

林先生的父親告訴他說：「只要自己想通了，就去做，不要管別人說什麼！」

父親如此的一句話，讓他毅然決然賣掉台北的房子，再花了兩年半找到這間老宅，他花了一半的錢購買，又花了另一半的錢才完成整修。民宿取名「過小路」是他幼稚園的女兒喃喃學語說的，似乎跟台南這種「巷弄美學」有不謀之合。或許是隔行如隔山，民宿開業後一開始沒有預期中的順利，但是林先生遇到許多貴人的幫忙，讓他逐漸進入佳境。他也抱著回饋地方的心情開始尋找附近巷弄的故事，才發現民宿所在地這裡以前是叫「漁行口」算是歷史街區，有許多故事可以述說。

全家大小「南漂」的日子經歷了許多以前沒遇過
的陣痛，林先生說創業沒有想像的美好，但是他
相信會越來越好！

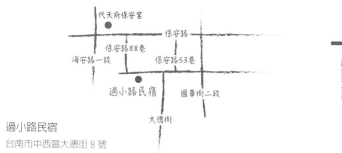

過小路民宿
台南市中西區大德街 8 號

47.

安平夢想曲
同棧設計旅店

「安平這個地方，二、三十年前這一帶都是漁港。我們家境不寬裕，父母也是跟親朋好友借貸創業，一碗一碗豆花慢慢賣，十分辛苦。我們小孩子跟著父母打拼，也看著雙親辛苦過來的。貧苦的小孩子嘛！總會羨慕別人家的房子很漂亮，也希望長大後自己的家也能一樣漂亮。所以才會設計這家旅店。」同棧老闆也是安平豆花的老闆黃先生這樣告訴我。

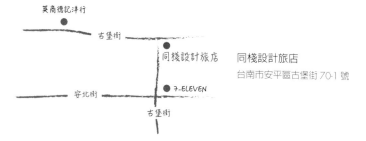

同棧設計旅店
台南市安平區古堡街 70-1 號

在安平樹屋的巷口，有一間幾何造型的建築，白色的輪廓看起來很像美術館，極簡風的錯位設計，每個樓層如同積木，一塊一塊看似錯置又很規律的往上堆疊。讓路過的人很難不多看它一眼。黃老闆告訴我他當初跟設計師的要求除了外觀的美感之外，另一個重點就是要把「安平」的元素放入這棟建築。黃老闆說安平的元素就是「老街」與「海洋」，因此在這棟有八個房間的旅店民宿內，它的中廊走道有如安平老街般曲曲折折，與一般走道中通到底的飯店很不一樣，除此之外，旅店內的每個房間格局也都不同，一般飯店的房間格局都是規矩的矩形，但是這裡的房間都是不規則形，如同浪花打上岸的波浪，呈現不規則的波型折面。除此之外，房間的格局與設備也都別具巧思與特色，光浴室的洗臉盆就每個房間都不盡相同，真的讓人感到驚喜。

入住「同棧旅店」你會跟我一樣為這間旅店擁有獨特的美感外觀而讚嘆外，你不知道的是，它的一磚一瓦還承載了一個男人兒時的夢想，也因這份夢想才有這間媲美五星級飯店等級的旅店。

48.

靜謐的安平京都風民宿
餘光民宿

來台南喜歡熱鬧的人不孤單，有一個接一個的夜市可以逛、有許多古蹟廟宇能夠參觀、有吃不完的美食小吃可以填飽口腹之慾。但是，如果你只是想讓自己放空閒散的給自己一個獨處空間，那我會推薦一定不能錯過「漁光島」。如果你覺得「漁光島」的海灘還不足以滿足你想要的悠閒，那只有這間「餘光民宿」可以滿足你吧！

漁光島上沒住太多人，這幾年雖然市政府在漁光島辦了許多活動，但是也都偏向海岸邊，只有在島的南端有一個聚落，加上早期漁光島有限建的規定，以及交通不便等關係，反而吸引許多在地文化界或設計界的人士在此購地建設，島上的慵懶氣質不知不覺讓建築感染日式簡樸的造型，也符合了民宿主人想提供給到訪的旅人們，對到台南旅行所賦予新的意義。

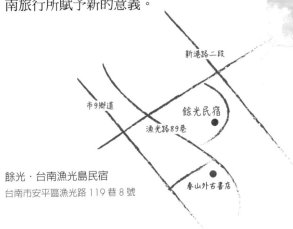

新港路二段

市9辦道

餘光民宿

漁光路89巷

春山外古書店

餘光・台南漁光島民宿
台南市安平區漁光路 119 巷 8 號

「偷得浮生半日閒」是我在餘光民宿中最想做的事，在這裡看書、寫字、畫畫，哪怕只是發呆，在這間日式簡約風格的建築中，都讓你獨處的特別有韻味，無聊時穿著拖鞋到附近海岸邊滿是木麻黃的樹林中散步，讓躁動的靈魂得到些許的沉澱，旅行的意義在這裡有了新的詮釋。

49.

來台南不逛夜市，太可惜了！

台南夜市

「夜市」文化從隋唐就有記載，在《東京夢華錄》中提到北宋開封就有一條「州橋夜市」裡面什麼小吃都有，十分熱鬧。至於台灣夜市早已經被美國有線電視 CNN 列為觀光客來台灣必遊的景點。所以，來台南旅行，怎能不逛逛夜市呢！

根據在地人給的資訊，台南有三大夜市「花園夜市」、「武聖夜市」和「大東夜市」，三個夜市每週營業的時間都不相同，簡單的說，在台南每天都有夜市可以逛。也因此我真的每天晚上都去逛夜市，平日夜晚台南路上看似沒人，一接近夜市附近就看到滿滿的人潮，汽機車擁塞，不用找入口，跟著人群方向走就對了，數百攤的攤位，吃、喝、玩、樂外加購物，幾乎就是一個平面的百貨公司，更多是在台北見都沒見過的小吃美食，強烈建議來之前最好網路爬文搜尋，不然真的該怎麼買都無從下手。我用之字形的繞法在一條一條攤位構成的迷魂陣中迴繞，人潮擁擠。每一攤都引起我的好奇與新鮮感，有的店家標新立異的為攤位取了很有趣的諧音店名，有的店家為自己攤位外觀做了很多美化，不過會排隊的店家通常專注在料理的美味，即使看起來不甚衛生，依然大排長龍。

台南的夜市充滿地方特色與在地飲食風味，了解台南不妨從味蕾開始吧！

大東夜市
台南市東區林森路一段 276 號（週一、週二、週五）

武聖夜市
台南市中西區武聖路 69 巷（週三、週六）

花園夜市
台南市北區海安路三段 533 號（週四、週六、週日）

50.
一間只為媽媽和孩子開的
美味小餐廳
安平拾味餐廳

我拐了好幾個彎才在安平區的小巷子裡找到這家店，是在地人介紹的小餐廳。要不是門口一塊小招牌，看似就像是一間花繁茂盛的普通民居。

效忠街

● 石門公園

拾味餐廳
●

平生路

效忠街

● 石門國小

安平拾味餐廳
台南市安平區効忠街 6 號

走進庭院沒有一般走入餐廳的客套，反而比較像是去朋友家拜訪的感覺，進入後位席不多，反而有點童趣。聽到老闆娘從廚房中走出招呼，簡單介紹一下餐點後，她就回到廚房繼續備餐了。我點了「培根起司蔬菜義大利麵」，這道炒義大利麵是最簡單又是最看得出主廚功力的料理。

義大利麵的味道不錯，老闆娘空檔時間還出來閒聊，她當初會開這家店，只是很單純把店址選在孩子學校對面，方便孩子回家之外，其他空閒時間經營一家小店只接待熟客，所以也沒僱人，座席不多，餐點菜色也盡量以她一個人可以應付過來為主，最重要的是可以陪伴孩子成長才是老闆娘最大的工作。有趣的是她念國小的孩子也會在下課後充當外場服務生，幫忙媽媽招呼顧客，或許也因為這樣反而吸引很多在地媽媽們帶著孩子來這裡光顧，反而觀光客不是她的重要客群，也因此旅遊書是不會介紹的。

看到這間媽媽和孩子一起經營的餐廳如此的有聲有色，有時候「初心」是最重要的基礎。

51.

Hola！隱藏在麻豆鄉間的西班牙餐廳

驢子廚房民宿

在麻豆有一間餐廳，充滿了田園的風格，前面的院子花木扶蘇，爬藤植物的綠布滿整個房子，圍牆用彩色磁磚拼貼出馬賽克風格，讓人感覺很有南法普羅旺斯的感覺。更特別的是餐廳賣的是道地的西班牙料理，在台南地區十分少見。

老闆和老闆娘原本是從事軍職工作，或許是長年不在家中，退役後很希望全家能一起生活與工作，因此就在麻豆附近開了民宿接待旅人，由於他們也經常出國旅行，加上女兒在西班牙念書常往返歐洲與台灣，也會攜帶西班牙當地的特色紀念品或燈飾等回來妝點餐廳，因此一進入餐廳裡就能融入異國氛圍。

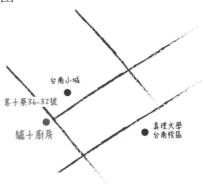

麻豆驢子廚房
台南市麻豆區客子寮 36-32 號（真理大學校區旁邊）

114

問起餐廳名字的典故，源自一次去西班牙旅行，在山城米哈斯看見任勞任怨的驢子，覺得很像東方人的性格，也覺得馬的睫毛是翹的，那驢子的睫毛應該是不翹的吧！就這樣在取店名時把這個想法給用上，才有「驢子廚房」與「睫毛不翹的驢子民宿」的誕生。

下次拜訪麻豆除了碗糕之外，也可以試試這家隱藏版的西班牙道地料理喔！

52.

折衷主義的日治建築美學

台南市美術館一館

（原台南警察署）

在友愛街街口的一幢灰褐色的老建築，一看就很有歷史，外型很像以前警察的大盤帽，很難不讓人注意。這間是日治時期的台南警署，建築著形制屬於折衷主義式建築，跟台北市的寧夏夜市附近的北區警署很像，也很有殖民主義色彩的建築。他曾是葉石濤筆下難以抹去的惡夢。

這座日本政府用來管理台灣人的警察署，在戰後接續成為警察局，白色恐怖時期繼續箝制人民。現在隨著時間的流轉，原本令人聞之喪膽的建築物，蛻變成「台南美術館」，恐怖的故事現在被「美學」取代，歷史總是令人感到弔詭。

展覽活動查詢，可以參考官方網站：

www.tnam.museum

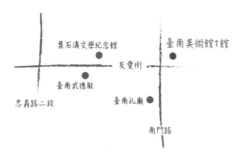

臺南市美術館１館
台南市中西區南門路 37 號

53. 五角形的現代建築美學
台南市美術館二館

在台南美術一館（原台南警察署）前友愛街的另一頭，有一幢現代風格的白色建築，是「台南市美術館二館」。

設計這棟建築的設計師是石昭永建築師與日本坂茂建築事務所共同設計，根據建築介紹說明中寫的「……建築本體以鳳凰花為發想概念，五角形的外型將使南美館成為一座象徵台南的文化地標，垂直錯落堆疊的展示空間，結合大型碎形屋頂，構成南美館二館的主要外型」。說明是很抽象的，但是不論如何，走在這棟建築裡面，雪白色的建築在南台灣金黃色的陽光下，真的是很適合拍照的場景。

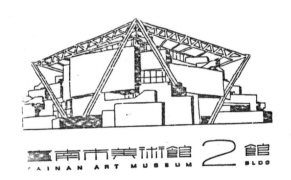

展覽活動多以現代藝術為主，可以參考官方網站：
www.tnam.museum

臺南市美術館 2 館
台南市中西區忠義路二段 1 號

54.
巴洛克式的日治建築美學
國立台灣文學館
（原台南州廳）

這是台灣第一座國家文學館，這裡原本是日治時期的台南州廳，落成於一九一六年，是設計台灣總督府（現總統府）、台北州廳（現監察院）、台中州廳（台中市政府）的設計師森山松之助設計，是座巴洛克式建築，屋頂上為銅瓦馬薩式屋頂，特別的是正面左右兩側皆有衛塔，與台北州廳（現監察院）雷同。

森山松之助設計很多公共建築，他的作品留到至今多被指定國定古蹟，為日治時期的台灣城市景觀留下印象深刻的印記。在總督府竣工後，森山覺得「台灣已經沒有什麼可以做了」。於一九二一年辭官返日，回到東京開建築事務所。

國立臺灣文學館
台南市中西區中正路 1 號

55. 學甲隱藏版的古村莊
老塘湖藝術村

台南旅圖速寫

老塘湖藝術村
台南市學甲區美豐橋 49-26 號

從麻豆出發，車子行經在兩旁都是魚塭的產業道路上，即使還是四月天，南台灣的太陽對炙熱似乎沒在客氣的，酷熱的南風吹襲著眼前看不到盡頭的阡陌小路。按照導航的指示讓我越來越不確定自己的方向，直到看到路旁好幾輛遊覽車停泊，才確定目的地到了。

門口用幾個楷書寫著「老塘湖藝術坊」立在一座古門旁邊，可以感覺到這裡的建築都不是原地興建的，彷彿是許多老建築結構拆除回來拼接的。購票入內，一座座老宅的建築結構環繞在湖邊，木橋通往湖心一座小島，島上有間小廟，我彷彿走入清末某個邊疆小鎮，如果這時有穿著古裝的人物走出來，那就更像了。我繼續往前走，一個打扮古裝留著辮子的男子走過來，我真的嚇到了！原來，這裡有在租借給電視劇組拍戲。

這裡是一位藝術家匡進福打造的，利用各種廢材、老宅結構打造，沒有特定風格，一屋一隅都可能是台灣農村、閩式傳統建築甚至邊塞風情等。讓每位旅人都為之驚嘆呢！

56. 老宅五金行變文青
旭峰號

不知道從什麼時候開始，台南很流行「老屋改建」，常常會看見許多老屋被重新修葺後變成不同方式的使用，最常見的就是改建後被做成民宿。

在台南市繁華熱鬧的中山路上有一條不太起眼的巷子，不說不知道，巷口矗立著可是網路上知名的打卡地標「旭峰號」。這家「旭峰號」是一間有八十年歷史的二層樓老宅，原本屋主是經營家庭五金行，退休後就將店舖租給人家做生意，現在則是「優果鮮」的水果飲料店在使用，但是都保留正面「旭峰號」的舊招牌，成為文青觀光的景點，也多次出現在一些旅遊刊物上。

有人說台南很復古，走在台南的小巷子裡，類似「旭峰號」這樣的老宅比比皆是，就等著旅人細細的品味與發掘吧！

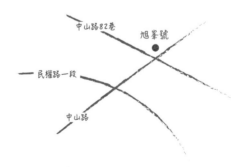

旭峰號
台南市中西區中山路 79 巷 6 號

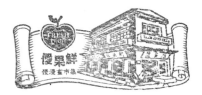

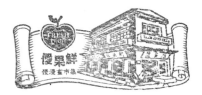

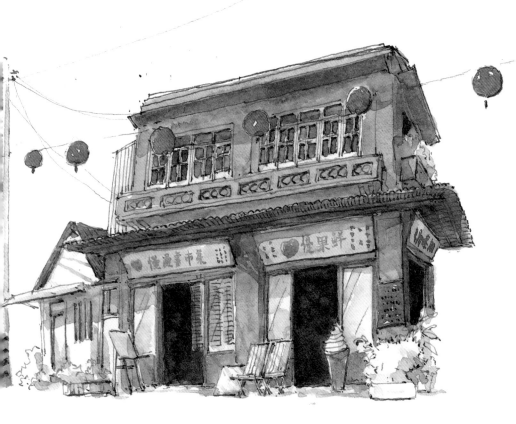

人文空間

57. 台灣第一座城堡
安平古堡

英商德記洋行

古堡街

安北街

7-ELEVEN

古堡街

國勝路

安平古堡

安平古堡
台南市安平區國勝路 82 號

在那個大航海時代，荷蘭人以軍商合一的方式在海上四處搜掠，台灣也是他們重要的據點。一六二四年他們占領安平，並在這裡起造一座城堡「熱蘭遮城」作為他們統治台灣的要塞堡壘，再過了大約三十年後，鄭成功攻取「熱蘭遮城」改名安平鎮。歷經清代的破壞荒廢、日治時期的重建，光復後，熱蘭遮城被改名為「安平古堡」，荷治時期的建築物僅存南邊的城垣磚牆。

「安平古堡」歷經不同時代的統治，早已不是當年荷蘭人興建時的樣貌，被清朝、日本政府、國民政府加了很多奇怪的東西在裡面，就連地標式的瞭望台都是一九七五年加上去的，除了那一段用糯米水、蚵殼灰構築而成的殘破城牆外，幾乎看不見歷史的痕跡，眼前的安平古堡被歷朝歷代不斷的「堆疊」成現在的模樣，城堡已經不見，歷史卻繼續存在。

58. 台南水道

山上花園水道博物館

往 山上市區

南184鄉道

● 山上花園水道博物館

山上花園水道博物館
台南市山上區山上里山上 16 號

178甲縣道

日治時期，日本政府為了讓台南州廳有自來水可以使用，便在一九一二年在現在的山上區興建了「台南水道」自來水設施。這套自來水供應設備為當時台南地區的公共衛生建立了現代化的基礎，這條完工於一九二二年的「台南水道」在國民政府後改名為「山上淨水廠」持續使用到一九八二年才停止運作。

跟台北公館附近的自來水博物館一樣，「台南水道」也改為「山上花園水道博物館」，保留許多當時自來水淨水場的建築與設備，要參觀最上方的淨水廠需要爬上一百八十九石階步道，像是碉堡的石造淨水廠建築，敘述著當年掌管大台南地區水源命脈的「台南水道」光榮的歷史。

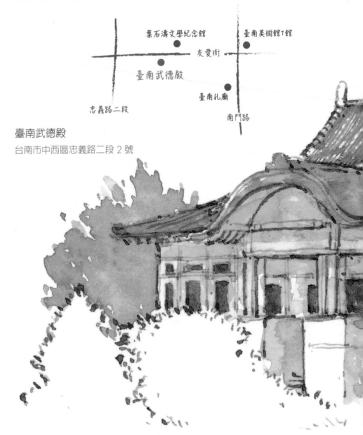

59.

推廣武道的道館

台南武德殿

在那個日本軍國主義的年代，武士軍人們首重「武道」，並在日本各地包含殖民地都興建許多「武道館」，日本政府將武道館與警察系統結合，推廣柔道、劍道外，也藉此強化百姓們對日本軍國意識與向心力。

葉石濤文學紀念館

臺南美術館1館

友愛街

臺南武德殿

臺南礼廟

忠義路二段

南門路

臺南武德殿
台南市中西區忠義路二段 2 號

一九三六年在台南孔廟旁邊興建這間「台南武德殿」，是神社式建築設計，採當時稱為「新式材料」的鋼筋混凝土，原本附近還設有大弓場，不過在戰後這些都不在了，武道場也變成新設市立忠義國小的禮堂，直到一九八八年才變成市定古蹟。

現在要進去武德殿要等開放時間才能進去，後期的修繕把古味都褪去，除了外觀設計還保留日式風格外，都難以看出過去的風華。

60.

麻豆老糖廠的新生

總爺藝文中心

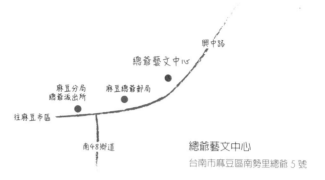

總爺藝文中心
台南市麻豆區南勢里總爺 5 號

對於「總爺」這個地名我很好奇，原來以前這附近在清代有一個「總爺」衙門所致，現在的「總爺藝文中心」是日治時期日本三菱企業旗下的明治製糖株式會社的工廠，這裡一九一二年就開始營運了，直到一九九三年才關閉，後來市政府將這邊整理活化，把其中的重要建築「紅樓」、「紅樓工藝館」、「招待所」、「廠長宿舍」重新修復，變成麻豆當地重要的藝文休憩中心。

「紅樓」是當時糖廠的辦公室，建於一九一二年，採用紅磚式的洋樓建築，內部是木造結構樓地板，八角裝飾扶手梯，非常古樸別致，可以從建築細節中感受到老建築的美感，雖然當時是作為辦公室使用，但現在紅樓已經變成展場空間，諾大明亮的空間場域讓參觀民眾更能體會老建築之美。

「總爺藝文中心」除了建築外，也有許多百年老樟樹與糖廠時期留下的老火車頭等，在平日午後傍晚來這邊走走，感覺南台灣獨特的悠散氣息。

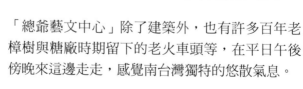

61.

大清欽差沈葆楨的

二鯤鯓砲台

（億載金城）

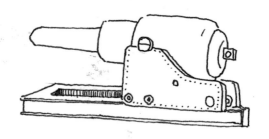

二鯤鯓砲臺（億載金城）
台南市安平區光州路 3 號

舊稱「二鯤鯓砲台」的億載金城，是清代欽差大臣沈葆楨建立的軍事設施。沈葆楨請了法國工程師設計，費時兩年完成。整個砲台基本上是一個方形建築，四角則以稜堡的造型作為防護，中央大廣場是作為操兵訓練之用，四周有護城河圍繞，部分磚牆是取自「熱蘭遮城」（安平古堡）。整體建築只有東面設計木橋進入，日治時代已被水泥橋取代。

愛　生　活　　　　　　　0　6　0

台南旅圖速寫

國家圖書館出版品預行編目（CIP）資料

台南旅圖速寫／郭正宏著．繪圖．-- 初版．-- 臺北市：健行文化出版
事業有限公司出版：九歌出版社有限公司發行，2021.10
144 面；14.8×21 公分．--（愛生活：60）

ISBN 978-626-95026-3-9（平裝）

1. 旅遊　2. 臺南市

733.9/127.69　　　　　　　　　　　　　　　　　110014557

作　　　者 —— 郭正宏
繪　　　圖 —— 郭正宏
責任編輯 —— 曾敏英
發 行 人 —— 蔡澤蘋
出　　　版 —— 健行文化出版事業有限公司
　　　　　　臺北市 105 八德路 3 段 12 巷 57 弄 40 號
　　　　　　電話／02-25776564・傳真／02-25789205
　　　　　　郵政劃撥／0112295-1

九歌文學網　www.chiuko.com.tw

排　　　版 —— 綠貝殼資訊有限公司
印　　　刷 —— 前進彩藝有限公司
法律顧問 —— 龍躍天律師・蕭雄淋律師・董安丹律師
發　　　行 —— 九歌出版社有限公司
　　　　　　臺北市 105 八德路 3 段 12 巷 57 弄 40 號
　　　　　　電話／02-25776564・傳真／02-25789205
初　　　版 —— 2021 年 10 月
定　　　價 —— 360 元
書　　　號 —— 0207060
Ｉ Ｓ Ｂ Ｎ —— 978-626-95026-3-9